PAUL ELUARD

Poésie ininterrompue

GALLIMARD

La résistance s'organise sur tous les fronts purs.

Tristan Tzara,
L'Antitête, 1933.

Poésie ininterrompue

. . . .

Nue effacée ensommeillée
Choisie sublime solitaire
Profonde oblique matinale
Fraîche nacrée ébouriffée
Ravivée première régnante
Coquette vive passionnée
Orangée rose bleuissante
Jolie mignonne délurée
Naturelle couchée debout
Étreinte ouverte rassemblée
Rayonnante désaccordée
Gueuse rieuse ensorceleuse
Étincelante ressemblante
Sourde secrète souterraine
Aveugle rude désastreuse

Boisée herbeuse ensanglantée
Sauvage obscure balbutiante
Ensoleillée illuminée
Fleurie confuse caressante
Instruite discrète ingénieuse
Fidèle facile étoilée
Charnue opaque palpitante
Inaltérable contractée
Pavée construite vitrifiée
Globale haute populaire
Barrée gardée contradictoire
Égale lourde métallique
Impitoyable impardonnable
Surprise dénouée rompue
Noire humiliée éclaboussée

Sommes-nous deux ou suis-je solitaire

Comme une femme solitaire
Qui dessine pour parler
Dans le désert
Et pour voir devant elle

L'année pourrait être heureuse
Un été en barres
Et l'hiver la neige est un lit bien fait
Quant au printemps on s'en détache
Avec des ailes bien formées

Revenue de la mort revenue de la vie
Je passe de juin à décembre
Par un miroir indifférent
Tout au creux de la vue

Comme une femme solitaire
Resterai-je ici bas
Aurai-je un jour réponse à tout
Et réponse à personne

Le poids des murs ferme toutes les portes
Le poids des arbres épaissit la forêt
Va sur la pluie vers le ciel vertical
Rouge et semblable au sang qui noircira

Le soleil naît sur la tranche d'un fuit
La lune naît au sommet de mes seins
Le soleil fuit sur la rosée
La lune se limite

La vérité c'est que j'aimais
Et la vérité c'est que j'aime
De jour en jour l'amour me prend première
Pas de regrets j'ignore tout d'hier
Je ne ferai pas de progrès

Sur une autre bouche
Le temps me prendrait première

Et l'amour n'a pas le temps
Qui dessine dans le sable
Sous la langue des grands vents

Je parle en l'air
A demi-mot
Je me comprends

L'aube et la bouche où rit l'azur des nuits
Pour un petit sourire tendre
Mon enfant frais de ce matin
Que personne ne regarde

Mon miroir est détaché
De la grappe des miroirs
Une maille détachée
L'amour juste le reprend

Rien ne peut déranger l'ordre de la lumière
Où je ne suis que moi-même
Et ce que j'aime
Et sur la table
Ce pot plein d'eau et le pain du repos
Au fil des mains drapées d'eau claire
Au fil du pain fait pour la main friande
De l'eau fraîche et du pain chaud
Sur les deux versants du jour

Aujourd'hui lumière unique
Aujourd'hui l'enfance entière
Changeant la vie en lumière
Sans passé sans lendemain
Aujourd'hui rêve de nuit
Au grand jour tout se délivre
Aujourd'hui je suis toujours

Je serai la première et la seule sans cesse
Il n'y a pas de drame il n'y a que mes yeux
Qu'un songe tient ouverts
Ma chair est ma vertu
Elle multiplie mon image

Je suis ma mère et mon enfant
En chaque point de l'éternel
Mon teint devient plus clair mon teint devient plus
                                                    [sombre
Je suis mon rayon de soleil
Et je suis mon bonheur nocturne

Tous les mots sont d'accord
La boue est caressante
Quand la terre dégèle
Le ciel est souterrain
Quand il montre la mort
Le soir est matinal
Après un jour de peine

Mais l'homme
L'homme aux lentes barbaries
L'homme comme un marais
L'homme à l'instinct brouillé
A la chair en exil
L'homme aux clartés de serre
Aux yeux fermés l'homme aux éclairs
L'homme mortel et divisé
Au front saignant d'espoir
L'homme en butte au passé
Et qui toujours regrette
Isolé quotidien
Dénué responsable

Savoir vieillir savoir passer le temps

Savoir régner savoir durer savoir revivre
Il rejeta ses draps il éclaira la chambre
Il ouvrit les miroirs légers de sa jeunesse
Et les longues allées qui l'avaient reconduit

Être un enfant être une plume à sa naissance
Être la source invariable et transparente
Toujours être au cœur blanc une goutte de sang
Une goutte de feu toujours renouvelée

Mordre un rire innocent mordre à même la vie
Rien n'a changé candeur rien n'a changé désir
L'hiver j'ai mon soleil il fait fleurir ma neige
Et l'été qui sent bon a toutes les faiblesses

L'on m'aimera car j'aime par-dessus tout ordre
Et je suis prêt à tout pour l'avenir de tous
Et je ne connais rien de rien à l'avenir
Mais j'aime pour aimer et je mourrai d'amour

Il se mit à genoux pour un premier baiser
La nuit était pareille à la nuit d'autrefois
Et ce fut le départ et la fin du passé
La conscience amère qu'il avait vécu

Alors il réveilla les ombres endormies
La cendre grise et froide d'un murmure tu
La cendre de l'aveugle et la stérilité
Le jour sans espérance et la nuit sans sommeil

L'égale pauvreté d'une vie limitée

Tous les mots se reflètent
Et les larmes aussi
Dans la force perdue
Dans la force rêvée

Hier c'est la jeunesse hier c'est la promesse

Pour qu'un seul baiser la retienne
Pour que l'entoure le plaisir
Comme un été blanc bleu et blanc

Pour qu'il lui soit règle d'or pur
Pour que sa gorge bouge douce
Sous la chaleur tirant la chair
Vers une caresse infinie
Pour qu'elle soit comme une plaine
Nue et visible de partout
Pour qu'elle soit comme une pluie
Miraculeuse sans nuage
Comme une pluie entre deux feux
Comme une larme entre deux rires
Pour qu'elle soit neige bénie
Sous l'aile tiède d'un oiseau
Lorsque le sang coule plus vite
Dans les veines du vent nouveau
Pour que ses paupières ouvertes
Approfondissent la lumière
Parfum total à son image
Pour que sa bouche et le silence
Intelligibles se comprennent
Pour que ses mains posent leur paume
Sur chaque tête qui s'éveille
Pour que les lignes de ses mains
Se continuent dans d'autres mains
Distances à passer le temps

Je fortifierai mon délire

De l'océan à la source
De la montagne à la plaine
Court le fantôme de la vie
L'ombre sordide de la mort

Mais entre nous
Une aube naît de chair ardente
Et bien précise
Qui remet la terre en état
Nous avançons d'un pas tranquille
Et la nature nous salue
Le jour incarne nos couleurs
Le feu nos yeux et la mer notre union
Et tous les vivants nous ressemblent
Tous les vivants que nous aimons

Les autres sont imaginaires
Faux et cernés de leur néant
Mais il nous faut lutter contre eux
Ils vivent à coups de poignard
Ils parlent comme un meuble craque
Leurs lèvres tremblent de plaisir
A l'écho de cloches de plomb
A la mutité d'un or noir

Un cœur seul pas de cœur
Un seul cœur tous les cœurs
Et les corps chaque étoile
Dans un ciel plein d'étoiles
Dans la carrière en mouvement
De la lumière et des regards
Notre poids brillant sur terre
Patine de la volupté

A chanter des plages humaines
Pour toi la vivante que j'aime

Et pour tous ceux que nous aimons
Qui n'ont envie que de s'aimer
Je finirai bien par barrer la route
Au flot des rêves imposés
Je finirai bien par me retrouver
Nous prendrons possession du monde

O rire végétal ouvrant une clairière
De gorges chantonnant interminablement
Mains où le sang s'est effacé
Où l'innocence est volontaire
Gaieté gagnée tendresse du bois mort
Chaleurs d'hiver pulpes séchées
Fraîcheurs d'été sortant des fleurs nouvelles
Constant amour multiplié tout nu

Rien à haïr et rien à pardonner
Aucun destin n'illustre notre front
Dans l'orage notre faiblesse
Est l'aiguille la plus sensible
Et la raison de l'orage
Image ô contact parfait
L'espace est notre milieu
Et le temps notre horizon

Quelques cailloux sur un sentier battu
De l'herbe comme un souvenir vague
Le ciel couvert et la nuit en avance
Quelques vitrines étrennant leurs lampes
Des trous la porte et la fenêtre ouvertes

Sur des gens qui sont enfermés
Un petit bar vendu et revendu
Apothéose de chiffres
Et de soucis et de mains sales

Un désastre profond
Où tout est mesuré même la tristesse
Même la dérision
Même la honte
La plainte est inutile
Le rire est imbécile
Le désert des taches grandit
Mieux que sur un suaire

Les yeux ont disparu les oiseaux volent bas
On n'entend plus le bruit des pas
Le silence est comme une boue
Pour les projets sans lendemain
Et soudain un enfant crie
Dans la cage de son ennui
Un enfant remue des cendres
Et rien de vivant ne bouge

Je rends compte du réel
Je prends garde à mes paroles
Je ne veux pas me tromper
Je veux savoir d'où je pars
Pour conserver tant d'espoir
Mes origines sont les larmes
Et la fatigue et la douleur

Et le moins de beauté
Et le moins de bonté

Le regret d'être au monde et l'amour sans vertu
M'ont enfanté dans la misère
Comme un murmure comme une ombre
Ils mourront ils sont morts
Mais ils vivront glorieux
Sable dans le cristal
Nourricier malgré lui
Plus clair qu'en plein soleil

Le regret d'être au monde

Je n'ai pas de regrets
Plus noir plus lourd est mon passé
Plus léger et limpide est l'enfant que j'étais
L'enfant que je serai
Et la femme que je protège
La femme dont j'assume
L'éternelle confiance

Comme une femme solitaire
Qui dessine pour parler
Dans le désert
Et pour voir devant elle
Par charmes et caprices
Par promesses par abandons

Entr'ouverte à la vie
Toujours soulignée de bleu

Comme une femme solitaire
A force d'être l'une ou l'autre
Et tous les éléments

Je saurai dessiner comme mes mains épousent
La forme de mon corps
Je saurai dessiner comme le jour pénètre
Au fin fond de mes yeux

Et ma chaleur fera s'étendre les couleurs
Sur le lit de mes nuits
Sur la nature nue où je tiens une place
Plus grande que mes songes

Où je suis seule et nue où je suis l'absolu
L'être définitif

La première femme apparue
Le premier homme rencontré
Sortant du jeu qui les mêlait
Comme doigts d'une même main

La première femme étrangère
Et le premier homme inconnu

La première douleur exquise
Et le premier plaisir panique

Et la première différence
Entre des êtres fraternels
Et la première ressemblance
Entre des êtres différents

Le premier champ de neige vierge
Pour un enfant né en été
Le premier lait entre les lèvres
D'un fils de chair de sang secret

Buisson de roses et d'épines
Route de terre et de cailloux
A ciel ardent ciel consumé
A froid intense tête claire

Rocher de fardeaux et d'épaules
Lac de reflets et de poissons
A jour mauvais bonté remise
A mer immense voile lourde

Et j'écris pour marquer les années et les jours
Les heures et les hommes leur durée
Et les parties d'un corps commun
Qui a son matin
Et son midi et son minuit

Et de nouveau son matin
Inévitable et paré
De force et de faiblesse
De beauté de laideur
De repos agréable et de misérable lumière
Et de gloire provoquée

D'un matin sorti d'un rêve le pouvoir
De mener à bien la vie
Les matins passés les matins futurs
Et d'organiser le désastre
Et de séparer la cendre du feu

D'une maison les lumières naturelles
Et les ponts jetés sur l'aube
D'un matin la chair nouvelle
La chair intacte pétrie d'espoir
Dans la maison comme un glaçon qui fond

Du bonheur la vue sans pitié
Les yeux bien plantés sur leurs jambes
Dans la fumée de la santé
Du bonheur comme une règle
Comme un couteau impitoyable
Tranchant de tout
Sauf de la nécessité

D'une famille le cœur clos
Gravé d'un nom insignifiant

D'un rire la vertu comme un jeu sans perdants
Montagne et plaine
Calculées en tout point
Un cadeau contre un cadeau
Béatitudes s'annulant

D'un brasier les cloches d'or aux paupières lentes
Sur un paysage sans fin
Volière peinte dans l'azur
Et d'un sein supposé le poids sans réserves
Et d'un ventre accueillant la pensée sans raison
Et d'un brasier les cloches d'or aux yeux profonds
Dans un visage grave et pur

D'une volière peinte en bleu
Où les oiseaux sont des épis
Jetant leur or aux pauvres
Pour plus vite entrer dans le noir
Dans le silence hivernal

D'une rue
D'une rue ma défiguration
Au profit de tous et de toutes
Les inconnus dans la poussière
Ma solitude mon absence

D'une rue sans suite
Et sans saluts
Vitale

Et pourtant épuisante
La rencontre niée

De la fatigue le brouillard
Prolonge loques et misères
A l'intérieur de la poitrine
Et le vide aux tempes éteintes
Et le crépuscule aux artères

Du bonheur la vue chimérique
Comme au bord d'un abîme
Quand une grosse bulle blanche
Vous crève dans la tête
Et que le cœur est inutilement libre

Mais du bonheur prèmis et qui commence à deux
La première parole
Est déjà un refrain confiant
Contre la peur contre la faim
Un signe de ralliement

D'une main composée pour moi
Et qu'elle soit faible qu'importe
Cette main double la mienne
Pour tout lier tout délivrer
Pour m'endormir pour m'éveiller

D'un baiser la nuit des grands rapports humains
Un corps auprès d'un autre corps

La nuit des grands rapports terrestres
La nuit native de ta bouche
La nuit où rien ne se sépare

Que ma parole pèse sur la nuit qui passe
Et que s'ouvre toujours la porte par laquelle
Tu es entrée dans ce poème
Porte de ton sourire et porte de ton corps

Par toi je vais de la lumière à la lumière
De la chaleur à la chaleur
C'est par toi que je parle et tu restes au centre
De tout comme un soleil consentant au bonheur

Mais il nous faut encore un peu
Accorder nos yeux clairs à ces nuits inhumaines
Des hommes qui n'ont pas trouvé la vie sur terre
Il nous faut qualifier leur sort pour les sauver

Nous partirons d'en bas nous partirons d'en haut
De la tête trop grosse et de la tête infime
En haut un rien de tête en bas l'enflure ignoble
En haut rien que du front en bas rien que menton
Rien que prison collant aux os
Rien que chair vague et que poisons gobés
Par la beauté par la laideur sans répugnance
Toujours un œil aveugle une langue muette
Une main inutile un cœur sans résonance
Près d'une langue experte et qui voit loin

Près d'un œil éloquent près d'une main prodigue
Trop près d'un cœur qui fait la loi

La loi la feuille morte et la voile tombée
La loi la lampe éteinte et le plaisir gâché
La nourriture sacrifiée l'amour absurde
La neige sale et l'aile inerte et la vieillesse

Sur les champs un ciel étroit
Soc du néant sur les tombes

Au tournant les chiens hurlant
Vers une carcasse folle

Au tournant l'eau est crépue
Et les champs claquent des dents

Et les chiens sont des torchons
Léchant des vitres brisées

Sur les champs la puanteur
Roule noire et bien musclée

Sur le ciel tout ébréché
Les étoiles sont moisies

Allez donc penser à l'homme
Allez donc faire un enfant

Allez donc pleurer ou rire
Dans ce monde de buvard

Prendre forme dans l'informe
Prendre empreinte dans le flou

Prendre sens dans l'insensé
Dans ce monde sans espoir

Si nous montions d'un degré

Le jour coule comme un œuf
Le vent fané s'effiloche

Toute victoire est semblable
Des ennemis des amis

Ennemis amis pâlots
Que même le repos blesse

Et de leurs drapeaux passés
Ils enveloppent leurs crampes

Beaux oiseaux évaporés
Ils rêvent de leurs pensées

Ils se tissent des chapeaux
Cent fois plus grands que leur tête

Ils méditent leur absence
Et se cachent dans leur ombre

Ils ont été au présent
Ceci entre parenthèses

Ils croient qu'ils ont été des diables des lionceaux
Des chasseurs vigoureux des nègres transparents
Des intrus sans vergogne et des rustres impurs
Des monstres opalins et des zèbres pas mal

Des anonymes redoutables
Des calembours et des charades

Et la ligne de flottaison
Sur le fleuve héraclitéen

Et l'hospitalité amère
Dans un asile carnassier

Et le déshonneur familial
Et le point sec des abreuvoirs

Ils croient ils croient mais entre nous
Il vaut encore mieux qu'ils croient

Si nous montions d'un degré

C'est la santé l'élégance
En dessous roses et noirs

Rousseurs chaudes blancheurs sobres
Rien de gros rien de brumeux

Les coquilles dans la nuit
D'un piano sans fondations

Les voitures confortables
Aux roues comme des guirlandes

C'est le luxe des bagages
Blasés jetés à la mer

Et l'aisance du langage
Digéré comme un clou par un mur

Les idées à la rigolade
Les désirs à l'office

Une poule un vin la merde
Réchauffés entretenus

Si nous montions d'un degré
Dans ce monde sans images

Vers la plainte d'un berger
Qui est seul et qui a froid

Vers une main généreuse
Qui se tend et que l'on souille

Vers un aveugle humilié
De se cogner aux fenêtres

Vers l'excuse désolée
D'un malheureux sans excuses

Vers le bavardage bête
Des victimes consolées

Semaines dimanches lâches
Qui s'épanchent dans le vide

Durs travaux loisirs gâchés
Peaux grises résorbant l'homme

Moralité de fourmi
Sous les pieds d'un plus petit

Si nous montions d'un degré

La misère s'éternise
La cruauté s'assouvit

Les guerres s'immobilisent
Sur les glaciers opulents

Entre les armes en broussailles
Sèchent la viande et le sang

De quoi calmer les âmes amoureuses
De quoi varier le cours des rêveries

De quoi provoquer l'oubli
Aussi de quoi changer la loi

La loi la raison pratique

Et que comprendre juge
L'erreur selon l'erreur

Si voir était la foudre
Au pays des charognes

Le juge serait dieu
Il n'y a pas de dieu

Si nous montions d'un degré

Vers l'extase sans racines
Toute bleue j'en suis payé

Aussi bien que de cantiques
Et de marches militaires

Et de mots définitifs
Et de bravos entraînants

Et la secousse idéale
De la vanité sauvage

Et le bruit insupportable
Des objecteurs adaptés

Le golfe d'une serrure
Abrite trop de calculs

Et je tremble comme un arbre
Au passage des saisons

Ma sève n'est qu'une excuse
Mon sang n'est qu'une raison

Si nous montions d'un degré

Mes vieux amis mon vieux Paul
Il faut avouer

Tout avouer et pas seulement le désespoir
Vice des faibles sans sommeil

Et pas seulement nos rêves
Vertu des forts anéantis

Mais le reflet brouillé la vilaine blessure
Du voyant dénaturé

Vous acceptez j'accepte d'être infirme
La même sueur baigne notre suicide

Mes vieux amis

Vieux innocents et vieux coupables
Dressés contre la solitude

Où s'allume notre folie
Où s'accuse notre impatience

Nous ne sommes seuls qu'ensemble
Nos amours se contredisent

Nous exigeons tout de rien
L'exception devient banale

Mais notre douleur aussi
Et notre déchéance

Nous nous réveillons impurs
Nous nous révélons obscurs

Brutes mentales du chaos
Vapeurs uniques de l'abîme

Dans la basse région lyrique
Où nous nous sommes réunis

Mes vieux amis pour être séparés
Pour être plus nombreux

Si nous montions d'un degré

Sur des filles couronnées
Une épave prend le large

A l'orient de mon destin
Aurai-je un frère demain

Sur des ruines virginales
Aux ailes de papillon

Friandises de l'hiver
Quand la mère joue la morte

Sans passion et sans dégoût
Une ruche couve lourde
Dans une poche gluante

Paume attachée à son bien
Comme la cruche à son eau
Et le printemps aux bourgeons

Fer épousé par la forge
Or maté en chambre forte

Nue inverse rocher souple
D'où rebondit la cascade

Simulacre du sein
Livré aux égoïstes

Mais aussi le sein offert
De l'image reconquise

Plaisir complet plaisir austère
Pommier noir aux pommes mûres

Belle belle rôde et jouit
Fluorescente dentelle

Où l'éclair est une aiguille
La pluie le fil

L'aile gauche du cœur
Se replie sur le cœur

Je vois brûler l'eau pure et l'herbe du matin
Je vais de fleur en fleur sur un corps auroral
Midi qui dort je veux l'entourer de clameurs
L'honorer dans son jour de senteurs de lueurs

Je ne me méfie plus je suis un fils de femme
La vacance de l'homme et le temps bonifié
La réplique grandiloquente
Des étoiles minuscules

Et nous montons

Les derniers arguments du néant sont vaincus
Et le dernier bourdonnement
Des pas revenant sur eux-mêmes

Peu à peu se décomposent
Les alphabets ânonnés
De l'histoire et des morales
Et la syntaxe soumise
Des souvenirs enseignés

Et c'est très vite
La liberté conquise
La liberté feuille de mai
Chauffée à blanc
Et le feu aux nuages
Et le feu aux oiseaux
Et le feu dans les caves
Et les hommes dehors
Et les hommes partout
Tenant toute la place
Abattant les murailles
Se partageant le pain
Dévêtant le soleil
S'embrassant sur le front

Habillant les orages
Et s'embrassant les mains
Faisant fleurir charnel
Et le temps et l'espace
Faisant chanter les verrous
Et respirer les poitrines

Les prunelles s'écarquillent
Les cachettes se dévoilent
La pauvreté rit aux larmes
De ses chagrins ridicules
Et minuit mûrit des fruits
Et midi mûrit des lunes

Tout se vide et se remplit
Au rythme de l'infini
Et disons la vérité
La jeunesse est un trésor
La vieillesse est un trésor
L'océan est un trésor
Et la terre est une mine
L'hiver est une fourrure
L'été une boisson fraîche
Et l'automne un lait d'accueil

Quant au printemps c'est l'aube
Et la bouche c'est l'aube
Et les yeux immortels
Ont la forme de tout

Nous deux toi toute nue
Moi tel que j'ai vécu
Toi la source du sang
Et moi les mains ouvertes
Comme des yeux

Nous deux nous ne vivons que pour être fidèles
A la vie.

. . . .

Moralité du sommeil

Cordes des distances cordes des lueurs
Cordes d'espérance jetées aux absents
La paresse des enfants
La fleur son éternité
La tempête sa puissance
Les conquêtes du beau temps
La femme son chemin partout
La femme flamme de nature
Tissant la trame du soleil
Et s'exaltant pour m'exalter

Entre les horizons volages
Qui font et défont sa beauté
La forêt couvre ses épaules
Sa chevelure silencieuse
D'un seul bruit d'ailes d'un seul chant
Moisson d'espace

Mais tout se noue en mon domaine
Pour mieux m'incliner m'humilier

La joie la clarté convulsées
Perdent leur éclat leur fraîcheur
Ma souffrance devient visible

Bagarre effrénée sur l'estrade
Visage de crin flambant noir
Odeur de suie plafond de poix
Ours démuselé panthère traquée
Crépuscule de la fureur
Les cages vides sont fermées
Une chèvre aride au ciel étoilé
Vieillit en calculant son âge

L'après-midi fut de brindilles
De façons d'être coutumières
Une étreinte de mains chétives
Dix doigts d'images vacillantes
Voilés de molles bagues blanches

Ainsi mon délire ainsi mon désastre
Ainsi mes forces écroulées
Un rire roulis
Que le jeu ramène sur la table douce
De tes seins légers
Nuit de neige nuit vague
Sur un pont tremblant le sommeil
Fripe la chemise du temps
La vie
Et la courbe de ta poitrine
La retient au bord d'un abîme

*

Les grilles sont tendues mes liens font leur travail
Tes boucles la douleur de couper la plus sombre
Je cisaillerai les ténèbres
De ma chambre qui rétrécit
Pourrai-je briser le sol qui m'entoure
Retrouver les détails la marche chaque pas
La source blême ou radieuse
La rivière la tête haute
Le pont léger
Un courant l'océan
La chair démesurée ouverte
L'écran éclaté du ciel
Le fruit le souffle la santé
D'un corps qui ne s'usera pas

Miroir la mare nuptiale
Cœur en commun de l'apparence
Mes paupières mon front écailles du désir
Portent encore mon innocence

La flore est sur la fleur
Je suis sur l'eau j'envahis l'eau
Je règle les rives désertes
J'aurai des nouvelles de toi
Si je pénètre le soleil

*

Je ne suis plus le miroir
Où pour la première fois
Sans ombre tu te parlas
Ravie d'avoir enfin un compagnon limpide
Tu crus qu'il te parlait il jeta un grand cri
Et tu t'éveillas en sursaut
Ton ombre reprenait le chemin de ton corps
Les portes se fermaient
La vitre tombait dans l'oubli
Le portrait s'effaçait sous tes gestes serrés
Et le soir distribuait les rôles
Un pain à celui-ci à tous les autres un pain
Pâture moindre mal

D'une tour attardée s'élève un feu mourant
D'une autre tour déjà passée
Glisse le dur éperon d'une seule caresse

Obéissance barrage
Aventures désolantes
Simulacres trésors gâchés

Sur l'autel des mirages
Dans des linges ternis par les pleurs inutiles
L'ennui triomphait des couleurs

46

*

La mort inscrite au flanc un vagabond naissait
La boue le four à chaux les trottoirs diminués
Les loques j'ai compris leur définition
Entre tous les vivants je n'en ai pas de proches

La paume creuse comme un volcan
Les yeux faits aux crachats des pitiés et des haines
Je ne joue qu'à mourir à nier et j'adhère
A l'argile aux cailloux pointus
Aux retraites de cendre au chaos d'os brisés
Du plus certain des abandons
A la mosaïque brouillée
De la dernière des vertus

Désordre dérisoire
J'ai déjoué les pièges
Les morts ne dorment pas
Ils ne reflètent rien
Et ni l'eau ni le vent ni le soleil ni l'aube
Ne peuvent les distraire

Je vois la ville de ton rêve
Que tu seras seule à peupler
Du tourbillon de ta beauté

Refus rupture

Le travail du poète

à Guillevic.

I

Les belles manières d'être avec les autres
Sur l'herbe pelée en été
Sous des nuages blancs

Les belles manières d'être avec les femmes
Dans une maison grise et chaude
Sous un drap transparent

Les belles manières d'être avec soi-même
Devant la feuille blanche

Sous la menace d'impuissance
Entre deux temps et deux espaces

Entre l'ennui et la manie de vivre

II

Qu'êtes-vous venu prendre
Dans la chambre familière

Un livre qu'on n'ouvre jamais

Qu'êtes-vous venu dire
A la femme indiscrète

Ce qu'on ne peut pas répéter

Qu'êtes-vous venu voir
Dans ce lieu bien en vue

Ce que voient les aveugles

III

La route est courte
On arrive bien vite
Aux pierres de couleur
Puis
A la pierre vide

On arrive bien vite
Aux mots égaux
Aux mots sans poids
Puis
Aux mots sans suite

Parler sans avoir rien à dire
On a dépassé l'aube
Et ce n'est pas le jour
Et ce n'est pas la nuit
Rien c'est l'écho d'un pas sans fin

IV

Une année un jour lointains
Une promenade le cœur battant
Le paysage prolongeait
Nos paroles et nos gestes
L'allée s'en allait de nous
Les arbres nous grandissaient
Et nous calmions les rochers

C'est bien là que nous fûmes
Réglant toute chaleur
Toute clarté utile
C'est là que nous chantâmes
Le monde était intime
C'est là que nous aimâmes

Une foule nous précéda

Une foule nous suivit
Nous parcourut en chantant
Comme toujours quand le temps
Ne compte plus ni les hommes
Et que le cœur se repent
Et que le cœur se libère

v

Il y a plus longtemps encore
J'ai été seul
Et j'en frémis encore

O solitude simple
O négatrice du hasard charmant
J'avoue t'avoir connue

J'avoue avoir été abandonné
Et j'avoue même
Avoir abandonné ceux que j'aimais
Au cours des années tout s'est ordonné
Comme un ensemble de lueurs
Sur un fleuve de lumière
Comme les voiles des vaisseaux
Dans le beau temps protecteur
Comme les flammes dans le feu
Pour établir la chaleur

Au cours des années je t'ai retrouvée
O présence indéfinie
Volume espace de l'amour

Multiplié

VI

Je suis le jumeau des êtres que j'aime
Leur double en nature la meilleure preuve
De leur vérité je sauve la face
De ceux que j'ai choisis pour me justifier

Ils sont très nombreux ils sont innombrables
Ils vont par les rues pour eux et pour moi
Ils portent mon nom je porte le leur
Nous sommes les fruits semblables d'un arbre

Plus grand que nature et que toutes les preuves

VII

Je sais parce que je le dis
Que mes désirs ont raison
Je ne veux pas que nous passions

A la boue
Je veux que le soleil agisse
Sur nos douleurs qu'il nous anime
Vertigineusement
Je veux que nos mains et nos yeux
Reviennent de l'horreur ouvertes pures

Je sais parce que je le dis
Que ma colère a raison
Le ciel a été foulé la chair de l'homme
A été mise en pièces
Glacée soumise dispersée
Je veux qu'on lui rende justice
Une justice sans pitié
Et que l'on frappe en plein visage les bourreaux
Les maîtres sans racines parmi nous

Je sais parce que je le dis
Que mon désespoir a tort
Il y a partout des ventres tendres
Pour inventer des hommes
Pareils à moi
Mon orgueil n'a pas tort
Le monde ancien ne peut me toucher je suis libre
Je ne suis pas un fils de roi je suis un homme
Debout qu'on a voulu abattre

Le travail du peintre

à Picasso.

I

Entoure ce citron de blanc d'œuf informe
Enrobe ce blanc d'œuf d'un azur souple et fin
La ligne droite et noire a beau venir de toi
L'aube est derrière ton tableau

Et des murs innombrables croulent
Derrière ton tableau et toi l'œil fixe
Comme un aveugle comme un fou
Tu dresses une haute épée vers le vide

Une main pourquoi pas une seconde main
Et pourquoi pas la bouche nue comme une plume
Pourquoi pas un sourire et pourquoi pas des larmes
Tout au bord de la toile où jouent les petits clous

Voici le jour d'autrui laisse aux ombres leur chance
Et d'un seul mouvement des paupières renonce

II

Tu dressais une haute épée
Comme un drapeau au vent contraire
Tu dressais ton regard contre l'ombre et le vent
Des ténèbres confondantes

Tu n'as pas voulu partager
Il n'y a rien à attendre de rien
La pierre ne tombera pas sur toi
Ni l'éloge complaisant

Dur contempteur avance en renonçant
Le plaisir naît au sein de ton refus
L'art pourrait être une grimace
Tu le réduis à n'être qu'une porte

Ouverte par laquelle entre la vie

III

Et l'image conventionnelle du raisin
Posé sur le tapis l'image
Conventionnelle de l'épée

Dressée vers le vide point d'exclamation
Point de stupeur et d'hébétude
Qui donc pourra me la reprocher

Qui donc pourra te reprocher la pose
Immémoriale de tout homme en proie à l'ombre
Les autres sont de l'ombre mais les autres portent
Un fardeau aussi lourd que le tien
Tu es une des branches de l'étoile d'ombre
Qui détermine la lumière

Ils ne nous font pas rire ceux qui parlent d'ombre
Dans les souterrains de la mort
Ceux qui croient au désastre et qui charment leur
                                          [mort
De mille et une vanités sans une épine
Nous nous portons notre sac de charbon
A l'incendie qui nous confond

IV

Tout commence par des images
Disaient les fous frères de rien
Moi je relie par des images
Toutes les aubes au grand jour

J'ai la meilleure conscience
De nos désirs ils sont gentils

Doux et violents comme des faux
Dans l'herbe tendre et rougissante

Aujourd'hui nous voulons manger
Ensemble ou bien jouer et rire
Aujourd'hui je voudrais aller
En U. R. S. S. ou bien me reposer

Avec mon cœur à l'épousée
Avec le pouvoir de bien faire
Et l'espoir fort comme une gerbe
De mains liées sur un baiser

v

Picasso mon ami dément
Mon ami sage hors frontières
Il n'y a rien sur notre terre
Qui ne soit plus pur que ton nom

J'aime à le dire j'aime à dire
Que tous tes gestes sont signés
Car à partir de là les hommes
Sont justifiés à leur grandeur

Et leur grandeur est différente
Et leur grandeur est tout égale
Elle se tient sur le pavé
Elle se tient sur leurs désirs

VI

Toujours c'est une affaire d'algues
De chevelures de terrains
Une affaire d'amis sincères
Avec des fièvres de fruits mûrs

De morts anciennes de fleurs jeunes
Dans des bouquets incorruptibles
Et la vie donne tout son cœur
Et la mort donne son secret

Une affaire d'amis sincères
A travers les âges parents
La création quotidienne
Dans le bonjour indifférent

VII

Rideau il n'y a pas de rideau
Mais quelques marches à monter

Quelques marches à construire
Sans fatigue et sans soucis
Le travail deviendra un plaisir
Nous n'en avons jamais douté nous savons bien
Que la souffrance est en surcharge et nous voulons
Des textes neufs des toiles vierges après l'amour

Des yeux comme des enclumes
La vue comme l'horizon
Des mains au seuil de connaître
Comme biscuits dans du vin

Et le seul but d'être premier partout
Jour partagé caresse sans degré
Cher camarade à toi d'être premier
Dernier au monde en un monde premier

A l'échelle animale

Cette petite tache de lumière dans la campagne
Ce feu du soir est un serpent à la tête froide
La tache de la bête dans un paysage humain
Où tous les animaux sont les mouvements
De la terre bien réelle
Du soleil maigre et pâle
Du soleil gros et rouge
Et de la lune sans passé
Et de la lune à souvenirs

Cette petite tache de lumière cette fenêtre
Éclaire les épaules adorables d'un ours
Et d'un loup de Paris vieux de mille ans
Et d'un furieux sanglier d'aujourd'hui
Et d'un lièvre qui fuit comme un innocent

La forêt voilà la forêt
Malgré la nuit je la vois
Je la touche je la connais
Je fais la chasse à la forêt

Elle s'éclaire d'elle-même
Par ses frissons et par ses voix

Chaque arbre d'ombre et de reflets
Est un miroir pour les oiseaux
Et la rivière la rivière
Dont les poissons sont les bergers
Quelle rivière bien dressée

Voir clair dans l'œil droit des hiboux
Voir clair dans les gouttes de houx
Dans le terrier fourré d'obscurité fondante
Voir clair dans la main des taupes
Dans l'aile étendue très haut
Dans le gui des philosophes
Dans le tout cela des savants
Monde connu et naturel

Voir clair et se reconnaître
Sur la prairie bleue et verte
Où vont chevaux et perdreaux
Sur la plaine blanche et noire
Où vont corbeaux et renards
Voir clair dans le chant des crapauds
Dans le désordre des insectes
Dans les astres de la rosée
Dans les astres des œufs couvés
Dans la chaleur réglée et pure
Dans le vent dur du vieil hiver
Dans un monde mort et vivant

Le poids d'un chien sortant de l'eau
Comme un sourire ému d'une brouille d'amis
Miroirs brisés miroirs entiers

Le poids toujours nouveau
D'une chatte duvet
Les griffes sous la mousse

Et le poids flamboyant
D'une chatte écorchée
Par un fourreau d'aiguilles

Le poids du jour qui réfléchit
Et qui s'arrête comme un âne
A chaque pas

Et je ramasse avec lui
Les miettes de son effort
Sempiternel

D'où sommes-nous sinon d'ici
Et d'ailleurs toujours en butte

A ce compte monotone
D'armées et de solitaires

Bain d'abeilles paravent
De la poussière immuable
Balance des hirondelles
Dans une poitrine vide

Ane chèvre jusqu'à l'herbe
Rat de la poupe à la proue
Rossignol jusqu'au déluge
Jusqu'aux étoiles éteintes

Sont pesants les rongeurs
Pesants comme une horloge
Et les poissons pêchés
Et l'hermine par sa blancheur
Et le lièvre par son repos

Je suis avec toutes les bêtes
Pour m'oublier parmi les hommes

L'âge de la vie

à René Char.

I

Matin d'hiver matin d'été
Lèvres fermées et roses mûres

Déchirante étendue où la vue nous entraîne
Où la mer est en fuite où la plage est entière

Soir d'été ramassé dans la voix du tonnerre
La plaine brûle et meurt et renaît dans la nuit

Soir d'hiver aspiré par la glace implacable
La forêt nue est inondée de feuilles mortes

Balance des saisons insensible et vivante
Balance des saisons équilibrée par l'âge

II

Nous avons eu huit ans nous avons eu quinze ans
Et nous avons vieilli noirci l'aube et la vie

Les hommes et les femmes que nous n'aimions pas
Nous n'y pensions jamais ils ne faisaient pas d'ombre

Mais nous avons vieilli le gouffre s'est peuplé
Nous avons reproduit un avenir d'adultes

III

Pourtant ce tout petit miroir
Pour y voir en riant les deux yeux œil par œil
Et le nez sans rien d'autre
Et le bout de l'oreille et le temps de bouder
Ce miroir sans limites
Où nous ne faisions qu'un avec notre univers
Ce tout petit miroir où jouaient avec nous
Une par une mille filles
Mille promesses définies

IV

De la douce et de l'extrême
Nous confondions les couleurs

Toutes étaient inutiles
Et nous à quoi servions-nous

Tous et toutes grains de sable
Impalpables dans le vent

Tous et toutes étincelles
Sous une ombrelle de feu

Sommes-nous hommes et femmes
De ces enfants que nous fûmes

Le vent s'est désorienté
La lumière s'est brouillée

Un rien nous tient immobiles
Réfléchissant dans le noir

V

Les jouets et les jeux sont changés en outils
En travaux en objets capitaux en soucis
Il nous faut nous cacher pour simuler l'enfance
Il nous est interdit de rire sans raison

Sur la courbe du jour le soleil de la mort
Tisse un épais vitrail de beautés bien vêtues
Nous n'avons que deux mains nous n'avons qu'une
                                            [tête
Car nous avons appris à compter à réduire

Nuages de santé brumes de jouissance
A mi-chemin de tout murmure du plaisir
Le printemps diminue l'hiver est supportable
Combien de nuits encore à rêver d'innocence

VI

D'innocence et de force sur les tremplins
De l'espoir et de la confiance

De force et de faiblesse mon ami massif
Violent et subtil
Juste et vivant depuis longtemps

Depuis aussi longtemps que moi
Puisque nous avons été jeunes
En des saisons si différentes

Mais jeunes comme on ne l'est pas
A chercher sur tous les chemins
Les traces de notre durée

Nous n'aurons pas toujours cent ans

L'espoir un jour ira comme la foudre
Fera lever les moissons abattues
Et rayonner le plomb de nos désastres

La vieillesse est déjà d'hier

VII

En dépit des pierres
A figure d'homme
Nous rirons encore

En dépit des cœurs
Noués et mortels
Nous vivons d'espoir

Rien ne nous réduit
A dormir sans rêves
A supporter l'ombre

Il n'y a sur l'heure
Doute ni soupçon
D'une heure semblable

A jamais sur terre
Tout remue et chante
Change et prend plaisir

Ailleurs ici partout

*... Il y a quelque adresse à avoir mis
mes idées dans la bouche d'un homme
qui rêve : il faut souvent donner à la
sagesse l'air de la folie, afin de lui procurer
ses entrées ; j'aime mieux qu'on dise :
« Mais cela n'est pas si insensé qu'on
croirait bien », que de dire : « Écoutez-
moi, voici des choses très-sages. »*

Diderot.
Lettres à Sophie Volland.

Là se dressent les mille murs
De nos maisons vieillissant bien
Et mères de mille maisons
Là dorment des vagues de tuiles
Renouvelées par le soleil
Et portant l'ombre des oiseaux
Comme l'eau porte les poissons

Là tous les travaux sont faciles
Et l'objet caresse la main

La main ne connaît que promesses
La vie éveille tous les yeux
Le corps à des fièvres heureuses
Nommées la Perle de midi
Ou la Rumeur de la lumière

Là je vois de près et de loin
Là je m'élance dans l'espace
Le jour la nuit sont mes tremplins
Là je reviens au monde entier
Pour rebondir vers chaque chose
Vers chaque instant et vers toujours
Et je retrouve mes semblables

Je parle d'un temps délivré
Des fossoyeurs de la raison
Je parle de la liberté
Qui finira par nous convaincre
Nul n'aura peur du lendemain
L'espoir ne fait pas de poussière
Rien ne sera jamais en vain

Je cherche à me créer une épreuve plus dure
Qu'imaginer ce monde tel qu'il pourrait être
Je voudrais m'assurer du concret dans le temps
Partir d'ici et de partout pour tout ailleurs

Ouvrir vraiment à l'homme une porte plus grande

Il faut reprendre le langage en son milieu
Équilibrer l'écho la question la réponse
Et que l'image transparente se reflète
En un point confluent cœur du panorama

Cœur du sang et du sens et de la conscience

Voici ma table et mon papier je pars d'ici
Et je suis d'un seul bond dans la foule des hommes
Mes mots sont fraternels mais je les veux mêlés
Aux éléments à l'origine au souffle pur

Je veux sentir monter l'épi de l'univers

J'ai le sublime instinct de la pluie et du feu
J'ensemence la terre et rends à la lumière
Le lait de ses années fertiles en miracles
Et je dévore et je nourris l'éclat du ciel

Et je ne crains que l'ombre atroce du silence

Je prononce la pierre et l'herbe y fait son nid
Et la vie s'y reflète excessive et mobile
Le duvet d'un aiglon mousse sur du granit
Une faible liane mange un mur de pierres

Le chant d'un rossignol amenuise la nuit

Prise d'en haut d'en bas dans ma voix fléchissante
La forêt s'agglutine ou se met en vacances
Ravines et marais dans ma voix renaissante
S'allègent comme un corps qui se dévêt et chante

Mers et plaines déserts le jour naît sur la terre

Victorieux enjeu des couleurs des saveurs
La fleur est le ferment de ma langue bavarde
Le temps ne passe pas quand le bruit étincelle
Et refait chaque aurore en nommant une fleur

Ce monde je le veux éprouver sur mon cœur

Dans chaque cœur battant j'en entendrai l'écho
Un pas après un pas la route est infinie
L'animal a conduit ses gestes vers leur but
Et je me suis déduit de leur nécessité

Son sommeil a bordé le lit où je repose

De mort je ne sais rien sauf qu'elle est éphémère
Et je veux chaque soir coucher avec la vie
Et je veux chaque mort coucher avec la vie
L'hiver l'oubli n'annoncent que l'avenir vert

Je ne me suis jamais vu mort les hommes vivent

Je parle et l'on me parle et je connais l'espace
Et le temps qui sépare et qui joint toutes choses
Et je confonds les yeux et je confonds les roses
Je vois d'un seul tenant ce qui dure ou s'efface

La présence a pour moi les traits de ce que j'aime

C'est là tout mon secret ce que j'aime vivra
Ce que j'aime a toujours vécu dans l'unité
Les dangers et les deuils l'obscurité latente
N'ont jamais pu fausser mon désir enfantin

De tous les points de l'horizon j'aime qui m'aime

Je ne vois clair et je ne suis intelligible
Que si l'amour m'apporte le pollen d'autrui
Je m'enivre au soleil de la présence humaine
Je m'anime marée de tous ses éléments

Je suis créé je crée c'est le seul équilibre
C'est la seule justice

Entre chez moi toi ma santé
Entre chez moi toi ma passion de vivre

Ne doute plus de rien sois gaie
Car je veux te donner plus de raisons de rire
Que de pleurer entre chez moi ma bien-aimante
Viens m'éclairer

Entre chez moi toi mon tourment
Pour oublier notre chagrin
Entre chez moi vorace et rassasiée
Grain de raisin trop vert ou éclaté
Viens mon audace au large des orages
Viens amasser notre avenir

Vois-tu je dis chez moi et c'est déjà pour rire
Ce n'est qu'en moi que je veux dire
Ma force t'y reçoit ton image y prend corps
Je t'offre un toit je t'offre un lit plus grand que toi
J'y suis déjà couché dans la plaine et les bois
Et c'est le flot montant de la mer qui t'envoie

Entre en moi toi ma multitude
Puisque je suis à jamais ton miroir
Ma figurée
Les rues vont loin qui passent par nos villes
Loin dans les champs où l'on avance
Avec l'amour avec la vie avec le jour

Entre en moi toi toujours meilleure
Toujours semblable à mes désirs
Illimitée et torturée et rassurée

Toutes voiles tombées toutes voiles dehors
Creusée de nuit et de lumière
Et captant le silence et drainant la rumeur

Toi qui voulais une maison
Tu t'en délivres
Car la maison que je te donne
N'a sa façade ouverte qu'en exemple à tous
Notre maison n'est bonne que pour en sortir
Nous rêvons d'une autre maison au fond des âges

Captifs d'un seul moment un moment nous délivre
Le temps des amoureux qui passeront le pont
Que nous avons passé avant de nous connaître
Les flots de l'avenir les séparent encore
Mais leur lèvre a la courbe d'un seul mot je t'aime
Leurs mains sont la promesse d'une main doublée

Entre en moi toi ma paresseuse ma berceuse
Je n'ai pas de secrets pour toi
Avec toi je n'ignore rien
Tu es faite pour tout savoir
Je te dis tout au tableau noir
De mon passé de ma jeunesse

Car tout n'a pas été si facile ni gai

Hier il y a très longtemps
Je suis né sans sortir des chaînes
Je suis né comme une défaite

Hier il n'y a pas longtemps
Je suis né dans les bras tremblants
D'une famille pauvre et tendre
Où l'on ne gagnait rien à naître

On parlait bas comprenait sourd
Ma famille est née de l'oubli
D'un peuple d'ombres sans reflets

Chaque jour les miens me fêtaient
Mais je n'étais à la mesure
Ni de moi-même ni des grands
Je n'avais pour but que l'enfance

Dans les méandres de ma chambre
Fermée aux jeux de l'impatience
Je ne rêvais que de fenêtres

Et je riais et je criais
A faire fondre le soleil
Mais je pleurais à faire rire
De mon chagrin la terre entière

Et puis l'injure me fut faite
Je fus d'un seul coup déréglé
Les monstres prenaient pied sur moi

L'or sonnait mat et frappait lourd
On pêchait dans l'eau d'un diamant
De sales de lugubres bêtes
On assassinait les poètes

J'avais vingt ans et je faisais
Déjà la guerre pour nos maîtres
Ils avaient besoin de jeunesse

Je fus naïf au point de ne pas me défendre
Je recevais les coups sans songer à les rendre
J'étais fait comme tous de matière sensible
Les flammes me semblaient avoir l'azur pour cible

Dans ma candeur aux femmes je me déchirais
Aux fleurs je me fanais aux fruits je me gâtais
L'ordre de la nature embaumait mon supplice
Mais j'avais par à-coups de terribles colères

Et je voulais avoir des griffes pour en jouir
Contre les hommes et les femmes à genoux
Contre les hommes et les femmes en mal d'être
Contre l'enfant trop clair et contre ses désirs

D'astre en astre ma violence
A fait justice des vertus
Qui pourrissaient dans l'égoïsme
Ma tête s'est révélée nue

Je ne savais pas simuler
Ni figurer une statue
Qui ne soit pas dans tout l'espace

La verdure au gré de la mer
Et des forêts et de l'aurore
Au gré des vagues et des feuilles
Et de la minime lueur
Qui pénètre dans chaque cœur
Pour le confondre et l'augmenter
Dissipe la nuit et l'hiver

Et d'évidence en évidence
Je parle en témoin éclairé
Et la trame me paraît douce
De ce que je couvre de vie
Le mal est vain et la mort vide
Douter est une comédie
Que l'on se joue pour mieux sauter

Et mon regard pourtant connaît la parenté
Et le monde déduit de ce qu'il fut toujours
Il prend feu sans détruire il a tous les mérites
Il entraîne la femme au delà de son rythme
Il entraîne l'enfant au delà du vieillard
En route les cailloux effeuillés sont les pierres
De la ville amassée où chacun a son frère

J'entends ce soir j'entends encore dans ma fièvre
Un cri réel d'enfant robuste et bienheureux

Une plainte de femme exquise et souveraine
Un appel d'homme au fond de la vérité même
Et je répète un rêve qui me vient de loin
Voir clair et parler clair régner dans l'éternel
Moi qui n'ai jamais pu m'assombrir qu'un instant

Je sais que si je dis le bien je veux le bien
Sur l'heure et pour toujours je dis je veux le miel
Et l'ondulation du miel comme des blés
Se propage à mon souffle et ses rides ardentes
M'accordent le pouvoir de ne rien abjurer
J'espère j'ai pu vaincre ma naissance obscure
Le fait de commencer n'est qu'une illusion

Le réel table
Sur le réel

Et la morale
Sur la morale

Je vis d'un bien nécessaire
Et d'un monde profitable

Je vis d'un élan constant
Arriver est un départ

Vieillir c'est organiser
Sa jeunesse au cours des ans

C'est mûrir mille jeunesses
Par étés et par automnes

Tenir son vol assez haut
Pour que l'aile y ait un but

C'est ruiner l'ombre quotidienne
Sur des sommets perpétuels

C'est faire honneur à l'avenir

Je me répète à la mesure où je suis homme
Et je m'étonne que personne
N'ait pu valablement
Me démentir parler pour moi sans que résonne
Aussitôt plus pure ma voix
Et sans le vouloir j'ai raison
Sans le vouloir je suis de tous les temps

Les mots qui me sont interdits me sont obscurs
Mais les mots qui me sont permis que cachent-ils
Les noms concrets
D'où viennent-ils vers moi
Sur ce flot d'abstractions
Toujours le même
Qui me submerge

En moi si tout est mis au bien
Tout vient du mal et du malheur

Les mots comme les sentiments
Ce n'est pas pour rien qu'on hérite
De l'auréole des victimes
Des cauchemars du désespoir
Et de la haine et de l'angoisse
D'une foule vaincue et lasse
Tombée à la première marche

Le mot maison dans leur ville les pauvres
Sont plus pauvres de leur maison

Le mot fenêtre un mur le bouche

Soleil les papillons s'entassent
Le désert s'infiltre partout

L'eau bouclier crevé d'avance

Les mains esclaves flammes vaines
Travaillent sans savoir pourquoi

Table verrou de l'appétit

Tuiles d'avoir vu rose sous l'azur bien sage
Un enfant se déprave au contact de la nuit

Et sa chair est en loques

Caresse laine sacrifiée
Chemin d'hiver et de vieillesse

Au gué de la rivière on oublie les infirmes

Le mot chambre bolide à jamais dans la boue
Éclatant ressort détendu

Souche calcinée et stérile

Marais bouquet marbré d'odeurs
Grille multipliée du plomb

Fleur fille épaisse des couleurs

Le lit étendard de défaite
Lumière fade verre vide

Le mot miroir où la beauté mendie son pain

Joli rossignol dans la nuit
Ouvre les plaies de l'insomnie

Que la forêt soit ta charpie

Le mot porte cri d'agonie
Calcul pourri de l'évasion

La vague d'où l'on ne sort plus

Le sang d'un homme se répand
En moins d'une heure pour toujours

Le sang d'un homme fait horreur

Le sang d'un homme répond non
A toute question quand il meurt

Le mot tremplin surgit des reins de la vipère

Statue monstre d'indifférence
Battant arraché de la cloche

Panorama tout se ramène au plus petit

Le mot façade crépuscule
Pavé suivant l'ordre établi

Aiglon tremblant fils du vertige

Et les toits se couvrent de neige
Ou de chiendent comme des tombes

Les mains heureuses ont trahi

Elles n'ont rien trouvé de bon
Dans la nature ni dans l'homme

Dix doigts c'est trop peu pour comprendre

Pierre insensible puits massif
Où le squelette boit son ombre

Épi scolopendre immobile

Lèvres les ailes d'un moulin
Qui tourne à rebours des désirs

Chaînes faveurs autour des jambes

Le mot pollen comme un crachat
Comme un palais jeté par terre

Orage horloge détraquée

Dures perles séchant sur pied
Feu monnayable des vertus

Tous les yeux dans leur rouille crasse

Le mot marée porte la peste
La musique de l'ennemi

La griffe est un doigt juste sur un clavier faux

L'arbre s'abat le feu s'éteint
Le pont se brise comme un os

La liane se grave en cicatrice ignoble

Le miel encrasse amèrement la ruche morte
La voile j'ai connu qu'elle se couche et flotte

Ainsi j'ai perdu mon élan

Et les premières rides
Ont ficelé ma face

Et j'ai compris

A partir de la nuit
Je renverse le mal j'échafaude l'espoir
En montant sur des ruines

Qu'ai-je jamais pensé dans mon passé sinistre
Qui vaille le matin qui vaille le travail
D'une main courageuse au seuil de la confiance
Et j'apprends à tisser une dentelle d'ailes
Et de salutations à tout ce que je nomme
Pour les temps à venir

Une dentelle au point d'aurore
Crible d'yeux clairs et de claires paroles
Fini de fuir j'avance et je m'anime
De la sève d'un feu lucide
Je jure et mon serment ne peut jamais faillir
Que sinon moi les autres oublieront le mal

Ils seront maîtres d'eux-mêmes
Toujours à leur premier geste
Toujours à leur premier mot
Toujours sans défauts leurs rides
Auront la beauté de l'aube
Quand les yeux ont reposé

Il fallait que je dise tout ce que j'ai dit
Car je viens de moins loin qu'où mes frères iront
Et je veux me survivre

Je veux mourir et vivre par un mot sans bornes
Ce premier mot c'est toi
Toi telle que tu es inaugurant mon ordre

Toi qui joins tout ce qui est vrai
Ma bien-aimée ma bien-aimante
Semblable aux saisons sans regrets
Toi qui me permets d'échapper
A la facilité de vivre
Par des mensonges même au nom de la vertu

Même au nom de la vérité

La vérité c'est liberté
C'est la fleur et le fruit promis
C'est la fécondité par delà toute faim
Par delà toute cécité

Statue il n'y a plus qu'une statue sur terre
Elle a le fier maintien de l'homme sur la terre

Un seul toit unit tous les ciels
Chaque maison n'est qu'un caprice

L'horizon borde mes paupières
Par quel miracle aurais-je peur

L'espace est le filet de lait
Qui me nourrit et m'éternise

Panorama j'absorbe au fond d'un puits profond
Le ciel plein jusqu'aux bords de reflets et d'étoiles

L'étoile augmente les étoiles
Nous savons marier les saisons

Nous savons défaire les nœuds
De ce qui n'est que contingences

Les vieilles neiges rajeunissent
Le soleil brille dans nos villes

Notre fenêtre s'écarquille
Jusqu'à refléter l'avenir

Tuiles d'avoir vu rose dans l'exaltation
De l'azur un enfant se disperse et se cherche

Les nuages ne pèsent rien
L'orage nerveux les décoiffe

L'air et l'eau coulent dans nos mains
Comme verdure en notre cœur

Le sang d'un homme est un fuseau
Si serré qu'il n'en finit pas

Je ne me suis jamais fait à l'image exacte
Qu'un miroir me renvoie sans prévoir mes grimaces

Une flèche s'épanouit
De l'arc du lit de la fatigue

Contre la mort la vieille histoire
Dont la gloire s'est effacée

La griffe agrafe l'or fragile
Du clair mirage de sa proie

La liane enlace la foule
L'épi fertilise la foudre

Le miel crispe un faisceau d'aiguilles
Qui cousent la douceur de vivre

La perle morte se divise
En mille perles feux fertiles

La perle parle par l'éclat de sa candeur
Quand donc n'aurai-je plus qu'à me fondre en la
                                        [mienne

Feux des minutes feux des îles
Au long d'un voyage immobile

D'un grand voyage où nul n'est seul
Où nul n'a peur de son prochain

Routes je suis au pas des hommes les meilleurs
Routes je vais plus loin que ce que j'espérais

Il m'a toujours fallu un seul être pour vivre
Pour exalter les autres

Pierre je ne suis pas de bois
Ma chair est bouillante et vivace

Nos mains sont menées à la danse
Par l'aile et le chant des oiseaux

La table règle l'écriture
Le fin propos la note juste

La table règle la moisson
Comme nos lèvres le plaisir

La marée monte comme l'arbre
Comme nos yeux qui se répandent

La voile fait un pas immense
Puis se gonfle pour tous les vents

Une voile s'en va revient gagne le large
Diminue à ma vue et grandit à l'escale

L'homme navigue et vole il dénoue la distance
Il élude son poids il échappe à la terre

Je peux vivre entre quatre murs
Sans rien oublier du dehors

Chambre de l'ancien temps noyau d'un fruit géant
J'ouvre la porte qui en sort les fous les sages

Tous plus beaux les uns que les autres
Chacun devançant le matin

Tremplin mur renversé de la prison des pauvres
Libres les pauvres se confondent

Ils ont tous la même richesse
Pour s'entr'aimer plus près d'eux-mêmes

Pour s'entr'aider le seul poème
Vraiment rythmé vraiment rimé

Chacun a découvert son bien
Et le bien de tous est sans ombre

Il nous suffit d'être chacun pour être tous
D'être soi-même pour nous sentir entre nous

D'être sages pour être fous
Et d'être fous pour être sages

Viens à côté de moi toi qui passais au large
Je m'approche de toi moi qui sors de la foule

D'une caresse au seuil de notre nudité
L'univers s'impose subtil

D'une caresse au seuil de nos premiers baisers
Nous passons aux plus fines branches

Un amour qui n'a pas de but
Sinon la vie sans différences

L'extase en est légère à nos sens rassemblés
Comme l'aube à nos rêves

A nos sens rassemblés

Il nous faut voir toucher sentir goûter entendre
Pour allumer un feu sous le ciel blanc et bleu
Toujours le premier feu l'étoile sur la terre
Et la première fleur dans notre corps naissant

Sens de tous les instants

Il nous faut voir ne pas voir noir être confiant
Et de la vue sauvage faire une lumière
Sans fumée et sans cruauté
Tu la respires et ton souffle me libère

Mes yeux ont su te sourire

J'ai rempli la coupe d'eau
J'ai rempli la plaine d'hommes
Je me suis comblé d'aurore
Et de sang j'ai vu en moi

Voir se limite à la paume
Des orbites golfe idéal

Rose haute de la marée
Tous mes désirs abreuvés
Rose avouée en pleurant

Apprends à tout me dire je peux tout entendre
Ta pensée est sans honte pense à haute voix

Silence la merveille simple
Et de fil en aiguille
Tout s'est épanoui
Le vent obscurément nettoie
La mer et le soleil

Ton souffle gonfle mes réponses
Entends le vent je sais ce que tu dis
Et je me lie aux bruits qui te font vivre
Sur une route où l'écho bat dans tous les cœurs
Malgré la porte et les volets fermés
Ma timide écoutons le tonnerre des bruits
Et les muets cherchant à dissiper leur nuit
Écoutons ce qui dort en nous d'inexprimé

Franchissons nos limites

J'étais loin j'avais faim j'avais soif d'un contact

Te toucher ressemblait aux terres fécondées
Aux terres épuisées
Par l'effort des charrues des pluies et des étés
Te toucher composait un visage de feuilles
Un corps d'herbes un corps couché dans un buisson
Ta main m'a protégé des orties et des ronces
Mes caresses fondaient mes rêves en un seul
Clairvoyant et aveugle un rêve de durée

Car je te touchais mieux la nuit

J'étais sauvé

D'avoir goûté le ciel la terre et la marée
Senti le sang la peau la gelée et le foin
D'avoir tout entendu touché je me montrais
Je respirais me colorais marchais parlais
Et me reproduisais

106

D'avoir vu clair en plein midi j'acceptais l'ombre
Je savais diviser et grouper les étoiles
Et les actes des hommes
Je savais être moins et bien plus que moi-même
Mes cinq sens faisaient place à l'imagination

L'imagination laisse à penser
Que nous possédons un sixième sens.

Les cinq sens confondus c'est l'imagination
Qui voit qui sent qui touche qui entend qui goûte
Qui prolonge l'instinct qui précise les routes
Du désir ambitieux
Je sais la vérité dès que je l'imagine
Le mal étant à vaincre

J'imagine je vois le dessous le dessus
D'un pont qui joint les hommes
D'un pont qui joint les mondes
Je vois la rose sourdre d'une pierre morne
La panthère atterrir au delà du désordre
Des rochers et des ronces

Je vois l'enfant pétrir le pain de l'avenir
La femme dans la paix de son cœur s'offrir nue
Ou bien vêtue de tout
J'imagine l'écho du premier cri d'espoir
Le premier feu passant d'une main à une autre
Le dernier mot des fous

Les fruits ont la saveur de l'aube associée
Aux lèvres des plus fraîches sources
J'imagine et j'en perds le souffle
Que rayonne un arc de concorde
Des plus hauts besoins des esclaves
A la force qui les délivre

Je vois ce monde tel qu'il fut dans ses vitrines
Figé prudent et puis il roule dans la rue
Il éclabousse les pavés
Il glisse à la passion des terres cultivées
Comme un sein débridé par des mains appliquées
Je suis fait pour boire son lait j'en ai le droit

Je vois ce monde qui n'est pas mais qui sera
Ce monde qui a tout pour lui
Il a la mère il a la graine
Il sait construire des palais
Il sait ce qui est inutile
Ses chaînes tiennent à un fil

Demain je ne périrai pas
Demain je suis mon enchanteur
Demain le feu baise mes pas
Et la sécheresse renonce
La rosée de mon cœur éclaire
Ce qu'aucun homme n'a pu voir

Mais tout n'a pas été si facile ni gai

Et je veux dire ce qui est à cet instant
Où tout à tout jamais semble buter sur l'ombre

L'enfant pâlit terriblement devant son père
L'enfant ne lutte pas n'a pas le torse nu
Ni les poings pétrifiés ni le cœur endurci
Ni les yeux éduqués ni la parole faite

Sa chaleur maigre et glabre
N'alimente pas le foyer
Et puisqu'il est sans créatures
Il se rêve sans créateur

Je vois un lac très fin qui s'éveille trop tôt
J'oublie vite la masse de la sympathie
J'ai trente-six façons de ne rien annoncer
Puisqu'hier j'étais jeune aujourd'hui je suis jeune

Je ne veux pas grandir je ne veux rien apprendre
Ma forge est plus fragile que ses étincelles
Je m'exprime par bonds sans savoir où je vais
Quand je me sens perdu enfin je me repose

Comme un désert inexploré
L'enfant pâlit terriblement

Ai-je jamais été enfant
Moi qui peux parler de l'enfance
Comme je parle de la mort

J'invente mon enfance et j'invente la mort
Passant je m'asphyxie d'être naissant mourant
Et je cherche à me joindre ailleurs à une autre heure

Où ai-je commencé quelle fin franchirai-je
Je refuse l'instant qui me prouve semblable
A toutes mes images faites ou défaites

Je n'ai pas été jeune et je ne mourrai pas

La joie de vivre est un fruit mûr
Que le soleil glace de sucre

Et le printemps est dans l'hiver
Et sur ma mémoire ensablée
Mirage passe un appel d'air
Plénitude plane un oiseau

Je souffre de ne pas savoir
Quand je suis né quand je mourrai
Je souffre d'être sans limites
Je confonds hier et demain
Mes soirs mes matins sont changeants
Je me perds et je m'éternise
Au carrefour de leurs reflets

Je ne suis pas comme une plante
Pendu au temps qu'il fait

Je ne suis pas comme un insecte
Absorbé par le sol

Quand je vole je vais plus droit
Que la mouette ou l'hirondelle

D'un fer pesant d'un fer ardent
Je repasse les plis du vent

Je n'ai vraiment plus besoin d'ailes
Pour calciner ma pesanteur

Et je peux creuser dans la terre
Des puits plus musclés que ma force

Et je peux tirer de mon cœur
Le temps d'être toujours meilleur

Je vis à l'échelle de tous
Ce qui me manque un autre l'a

Chacun sait lire de confiance
La loi qui ne courbe personne

Je prends n'importe quel visage
Comme une goutte d'apparence

Pour animer tous les visages
Et pour commencer par un seul

Je construis l'amour au sommet
D'un univers porteur d'espoir

Nous sommes l'un et l'autre au jour
Pour n'en jamais finir d'aimer

Pour ne plus jamais renoncer
A la fraternité

Pourtant ce monde est petit
Petit comme une journée

Petit comme un nom banal
Comme une feuille d'automne

L'enfant dans l'épicerie
Répète ses commissions

Et puis il compte ses sous
L'amant pense à son travail

Le savant pense à son train
L'ouvrier à l'hôpital

La rue passe son chiffon
Sur les pas des hommes las

Le poète veut manger
La putain veut réussir

Une hache va tomber
Sur le cou des condamnés

Le héros est privé d'armes
La mère est lasse à mourir

Le sommeil les réunit
L'aube les éveille à peine

La fatigue les dissout
La misère les sépare

Je vois le dos d'un manteau gris
Dans une rue très basse sous la pluie

Je vois des pygmées sans conscience
Saluer leurs drapeaux en priant

Je vois des soldats dans la boue
Saluer les balles de la tête

Je vois les maisons démolies
Comme à plaisir pour une fête

Je vois un ventre ouvert en grand
Aux mouches au soleil pourri

Je vois les mains estropiées
Des vieillards menés à l'asile

Je vois des beautés inutiles
S'éteindre dans la nuit du doute

Et les fleurs sont artificielles
Et la terre devient stérile

Et je devrais bientôt me taire

Pourtant si je suis sur la terre
C'est que d'autres y sont aussi
Qui comme moi ont bégayé
Quand nous n'étions tout à fait muets

Il faut leur rendre la parole
Ils ont avalé le poison
Maudit leur mère et leur misère
Sans rien connaître d'exaltant

Il ne faut promettre et donner
La vie que pour la perpétuer
Comme on perpétue une rose
En l'encerclant de mains heureuses.

Blason dédoré de mes rêves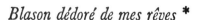

Dans ce rêve et pourtant j'étais presque éveillé
Je me croyais au seuil de la grande avalanche
Tête d'air renversée sous le poids de la terre
Ma trace était déjà dissipée j'étouffais
Dernier souffle premier gouffre définitif

Je respire souvent très mal je me confine
Moralement aussi surtout quand je suis seul

Dans ce rêve le temps de vivre était réduit
A sa plus simple expression naître et mourir
Mes vertèbres mes nerfs ma chair
Tremblaient bégayaient d'ignorance
Et je perdais mon apparence

J'en vins pour me sauver à rêver d'animaux
De chiens errants et fous de nocturnes immenses
D'insectes de bois sec et de grappes gluantes
Et de masses mouvantes
Plus confuses que des rochers
Plus compliquées que la forêt d'outre-chaleur
Où le soleil se glisse comme une névrite
Des animaux cachots tunnels et labyrinthes

Sur terre et sous terre oubliés
Des animaux au sein de l'eau qui les nourrit
A fleur de l'air qui les contient
Et des animaux décantés
Faits de tout et de rien
Comme les astres supposés
Sans parois immédiates sans rapports certains
Vertige dans la brume je restais en friche

Je figurais comme un mendiant
La nature et les éléments
Et ma chair pauvre mon sang riche
Et mes plumes vives fanées
Mes écailles ma peau vidée
Ma voix muette mon cœur sourd
Mon pelage mes griffes sûres
Ma course et mon cheminement
Ma ponte et mon éventrement
Ma mue et ma mort sans rupture
Mon corps absurde prisonnier
Des poussées de la vie en vrac
Ma fonction d'être reproduit
Interminablement
M'inclinaient toujours un peu plus
Vers le fond le plus inconscient

J'en vins pour me sauver à me croire animal
Voguent volent se terrent mes frissons d'enfant
Mes yeux jamais ouverts et mon vagissement
Je ne refuse pas l'hiver je vis encore
Dans l'embrasure de l'automne mais je passe
Aux premiers froids comme une feuille
Ou bien je meurs comme je nais sans majesté
Dans un gargouillement je suis la bulle éclose

Et crevée au soleil je tisse sans savoir
La toile la fourrure ou le bond sans fêlure
Qui me permettent de durer pour un instant
Nul n'a jamais ri ni pleuré
Je ne m'embourbe ni n'étouffe
Je ne me brûle ni me noie
Je suis le nombre indéfini
Au cœur d'une page de chiffres

Je suis fils de mes origines
J'en ai les rides les ravines
Le sang léger la sève épaisse
Les sommets flous les caves sombres
La rosée et la rouille
Je m'équilibre et je chavire
Comme les couches de terrain
Et je m'étale et je me traîne
Je brûle et je gèle à jamais
Et je suis insensible
Car mes sens engloutissent
La chute et l'ascension
La fleur et sa racine
Le ver et son cocon
Le diamant et la mine
L'œil et son horizon

Je ne suis ni lourd ni léger
Ni solitaire ni peuplé
Nul ne peut séparer
Ma chevelure de mes bras
Ni ma gorge de son silence
Ni ma lumière de ma nuit
Je suis la foule partout
Des profondeurs et des hauteurs

La grimace en creux en relief
La crispation de la distance
La clarté close ou provocante
Le masque posé sur la nacre
La glèbe creusée par la taupe
La vague enflée par le requin
La brise chantante d'oiseaux
Pour rien pour que tout continue
Dans un foyer brillant éteint
Et ranimé par un fétu

Les animaux sont la charnière
Des ailerons du mouvement
Ils ne connaissent ni naufrages
Ni décombres ils perpétuent
La longue alliance de la boue
Avec l'azur avec la pierre
Avec le flot avec la flamme
Dure et douce comme une bouche
Je ne peux pas me reposer
Je m'agrège au jeu sans issue
Au bruit sans couleur de musique
Il n'est pas question de régner
Ni de parler pour troubler l'ordre insane

Ni d'élever le talus de mon crâne
Plus haut que le buisson du jour
Ni de permettre à ma poitrine
Par son étrave de troubler
La lie de l'immobilité

Animal je n'ai rien qui me conduise ailleurs

Je ne dispose pas du temps il est entier
Ma poussière ignore les routes

La foudre anime mon squelette
Et la foudre m'immobilise
Je suis pour un printemps le battement de l'aile
Je glisse et passe sur l'air lisse
Je suis rompu par le fer rouge
De l'aurore et du crépuscule
La terre absorbe mon reflet
Je ne suis l'objet d'aucun doute
Je ne contemple rien je guette
La prolifération de l'ombre
Où je puis être et m'abolir
L'envie m'en vient sans réfléchir
Le mur que je frappe m'abat
Et je tombe et je me relève
Dans le même abîme essentiel
Dans la même absence d'images

Dessus dessous la vérité élémentaire
La vérité sans son contraire
Il n'est pas une erreur au monde
Le jour banal et la nuit ordinaire
Et des attaches pour toujours
Avec un point fixe la vie
Ni bonne ni mauvaise
Une vie absorbant la mort
Sans apparence de prestige

Nulle auréole pour le lion
Nul ongle d'or pour l'aigle
Et les hyènes n'ont pas de honte
Les poissons s'ignorent nageant
Aucun oiseau ne vole
Le lièvre court pour mettre un point

Au regard fixe de la chouette
L'araignée ne fait qu'une toile
Utile ou inutile un grenier une ruine

Je me sens m'en aller très bas
Très haut très près très loin très flou
Et net immense et plus petit
Que le ciel amassé pour moi
J'imite le plus machinal
Des gestes d'un lieudit la terre
Lune et soleil sont sans mystère
Non plus que l'épaule aux aisselles
Non plus que le vent à mes ailes

Blason dédoré de mes rêves
Ai-je fait mon deuil de moi-même

En me couchant comme la cendre sous la flamme
Ai-je abdiqué ne puis-je plus rien désigner
En me montrant du doigt moi si fier d'être au monde

Non je dors et malgré le pouvoir de la nuit
J'apprends comme un enfant que je vais m'éveiller
Mes draps sont le linceul de mes rêves je vis

Et du gouffre je passe à la lumière blonde
Et je respire comme un amoureux se pâme
Comme un fleuve se tisse sous une hirondelle

Je sais que je ne suis pas seul ma fièvre augmente
Je m'élance et je monte et j'affirme mon but
Je suis enfin sorti de mon sommeil je vis.

Épitaphes *

L'épigramme funéraire est un antique moyen de donner à penser aux vivants. Par-dessus le mur du passé, elle peut transmettre la confiance et l'espoir.

I

Pour Marc.

L'enfant j'ai été l'enfant
Joue sans jamais réfléchir
Aux sombres détours du temps

Éternel il joue pour rire
Il conserve son printemps
Son ruisseau est un torrent

Moi mon plaisir fut délire
Mais je suis mort à neuf ans.

II

La souffrance est comme un ciseau
Qui tranche dans la chair vivante
Et j'en ai subi l'épouvante
Comme de la flèche à l'oiseau
Du feu du désert à la plante
Comme la glace sur les eaux

Mon cœur a subi les injures
Du malheur et de l'injustice
Je vivais en un temps impur
Où certains faisaient leurs délices
D'oublier leurs frères leurs fils
Le hasard m'a clos dans ses murs

Mais dans ma nuit je n'ai rêvé que de l'azur.

*

Je pouvais tout et je ne pouvais rien
Je pouvais tout aimer mais pas assez.

*

Le ciel la mer la terre
M'ont englouti

L'homme m'a fait renaître.

*

Ci-gît celui qui vécut sans douter
Que l'aube est bonne à tous les âges
Quand il mourut il pensa naître
Car le soleil recommençait.

*

J'ai vécu fatigué pour moi et pour les autres
Mais j'ai toujours voulu soulager mes épaules
Et les épaules de mes frères les plus pauvres
De ce commun fardeau qui nous mène à la tombe
Au nom de mon espoir je m'inscris contre l'ombre.

*

Arrête-toi et souviens-toi de la forêt
De la prairie plus claire sous le soleil vif
Souviens-toi des regards sans brumes sans remords

Le mien s'est effacé le tien l'a remplacé
D'avoir été d'être vivants nous continuons
Nous couronnons le désir d'être et de durer.

III

Ceux qui m'ont mis à mort ceux qui ne redoutaient
Que de manquer mon cœur tu les as oubliés

Je suis dans ton présent comme y est la lumière
Comme un homme vivant qui n'a chaud que sur terre

Seuls mon espoir et mon courage sont restés
Tu prononces mon nom et tu respires mieux

J'avais confiance en toi nous sommes généreux
Nous avançons le bonheur brûle le passé

Et notre force rajeunit dans tous les yeux.

Abolir les mystères

CE NE SONT PAS MAINS DE GÉANTS

Ce ne sont pas mains de géants
Ce ne sont pas mains de génies
Qui ont forgé nos chaînes ni le crime

Ce sont des mains habituées à elles-mêmes
Vides d'amour vides du monde
Le commun des mortels ne les a pas serrées

Elles sont devenues aveugles étrangères
A tout ce qui n'est pas bêtement une proie
Leur plaisir s'assimile au feu nu du désert

Leurs dix doigts multiplient des zéros dans des comptes
Qui ne mènent à rien qu'au fin fond des faillites
Et leur habileté les comble de néant

Ces mains sont à la poupe au lieu d'être à la proue
Au crépuscule au lieu d'être à l'aube éclatante
Et divisant l'élan annulent tout espoir

Ce ne sont que des mains condamnées de tout temps
Par la foule joyeuse qui descend du jour
Où chacun pourrait être juste à tout jamais

Et rire de savoir qu'il n'est pas seul sur terre
A vouloir se conduire en vertu de ses frères
Pour un bonheur unique où rire est une loi

Il faut entre nos mains qui sont les plus nombreuses
Broyer la mort idiote abolir les mystères
Construire la raison de naître et vivre heureux.

LES CONSTRUCTEURS

à Fernand Léger.

Pleurez vieux paresseux des temps incohérents
Vos prétentions nous feront rire
Nous avons fait notre ciment
De la poussière du désert
Nos roses sont écloses comme un vin soûlant
Nos yeux sont des fenêtres propres
Dans le visage blond des maisons du soleil

Et nous chantons en force comme des géants

Nos mains sont les étoiles de notre drapeau
Nous avons conquis notre toit le toit de tous
Et notre cœur monte et descend dans l'escalier
Flamme de mort et fraîcheur de naissance
Nous avons construit des maisons
Pour y dépenser la lumière
Pour que la nuit ne coupe plus la vie en deux

Chez nous l'amour grandit quand nos enfants s'élèvent

Gagner manger comme on gagne la paix
Gagner aimer comme le printemps gagne
Quand nous parlons nous entendons
La vérité des charpentiers
Des maçons des couvreurs des sages
Ils ont porté le monde au-dessus de la terre
Au-dessus des prisons des tombeaux des cavernes

Contre toute fatigue ils jurent de durer.

Le château des pauvres *

* Il existe en Périgord, non loin de l'endroit où Paul
Éluard écrivit ce poème, une vieille ferme nommée le
Château des Pauvres.   *(N. d. É.)*

Venant de très bas, de très loin, nous
arrivons au-delà.

Une longue chaîne d'amants
Sortit de la prison dont on prend l'habitude

Sur leur amour ils avaient tous juré
D'aller ensemble en se tenant la main
Ils étaient décidés à ne jamais céder
Un seul maillon de leur fraternité

La misère rampait encore sur les murs
La mort osait encore se montrer
Il n'y avait encore aucune loi parfaite
Aucun lien admirable

S'aimer était profane
S'unir était suspect

Ils voulaient s'enivrer d'eux-mêmes
Leurs yeux voulaient faire leur miel
Leur cœur voulait couver le ciel
Ils aimaient l'eau par les chaleurs
Ils étaient nés pour adorer le feu l'hiver

Ils avaient trop longtemps vécu contradictoires
Dans le chaos de l'esclavage
Rongeant leur frein lourds de fatigue et de méfaits
Ils se heurtaient entre eux étouffant les plus faibles

Quand ils criaient au secours
Ils se croyaient punissables ou fous
Leur drame était le repoussoir
De la félicité des maîtres

Que de baisers désespérés les menottes aux lèvres
Sous le soleil fécond que de retours à rien
Que de vaincus par le trop-plein de leur candeur
Empoignant un poignard pour prouver leur vertu

Ils étaient couronnés de leurs nerfs détraqués
On entendait hurler merci

Merci pour la faim et la soif
Merci pour le désastre et pour la mort bénie
Merci pour l'injustice
Mais qu'en attendez-vous et l'écho répondait

Nous nous délecterons de la monotonie
Nous nous embellirons de vêtements de deuil
Nous allons vivre un jour de plus
Nous les rapaces nous les rongeurs de ténèbres
Notre aveugle appétit s'exalte dans la boue
On ne verra le ciel que sur notre tombeau

Il y avait bien loin de ce Château des pauvres
Noir de crasse et de sang
Aux révoltes prévues aux récoltes possibles

Mais l'amour a toujours des marges si sensibles
Que les forces d'espoir s'y sont réfugiées
Pour mieux se libérer

Je t'aime je t'adore toi
Par-dessus la ligne des toits
Aux confins des vallées fertiles
Au seuil des rires et des îles
Où nul ne se noie ni ne brûle
Dans la foule future où nul
Ne peut éteindre son plaisir
La nuit protège le désir

L'horizon s'offre à la sagesse
Le cœur aux jeux de la jeunesse
Tout monte rien ne se retire

L'univers de fleurs violentes
Protège l'herbe la plus tendre
Je peux t'enclore entre mes bras
Pour me délivrer du passé
Je peux être agité tranquille
Sans rien déranger de ton rêve
Tu me veux simplement heureux
Et nous serons la porte ouverte
A la rosée au grand soleil
Et je t'entraîne dans ma fièvre
Jusqu'au jour le plus généreux

Il n'y a pas glaces qui tiennent
Devant la foudre et l'incendie
Devant les épis enflammés
D'un vrai baiser qui dit je t'aime
Graine absorbée par le sillon
Il n'y aura pas de problèmes
Minuscules si nous voyons
Ensemble l'aube à l'horizon
Comme un tremplin pour dépasser
Tout ce que nous avons été
Quand le crépuscule régnait

Toi la plus désespérée
Des esclaves dénuées
Toi qui venais de jamais
Sur une route déserte
Moi qui venais de très loin
Par mille sentiers croisés
Où l'homme ignore son bien

Innocent je t'ai fait boire
L'eau pure du miroir
Où je m'étais perdu
Minute par minute

Ce fut à qui donna
A l'autre l'illusion
D'avoir un peu vécu
Et de vouloir durer
Ainsi nous demeurâmes
Dans le Château des pauvres
Au loin le paysage
S'aggravait d'inconnu
Et notre but notre salut
Se couvrait de nuages
Comme au jour du déluge

Château des pauvres les pauvres
Dormaient séparés d'eux-mêmes
Et vieillissaient solitaires
Dans un abîme de peines
Pauvreté les menait haut
Un peu plus haut que des bêtes
Ils pourrissaient leur château
La mousse mangeait la pierre
Et la lie dévastait l'eau
Le froid consumait les pauvres
La croix cachait le soleil

Ce n'était que sur leur fatigue
Sur leur sommeil que l'on comptait
Autour du Château des pauvres
Autour de toutes les victimes
Autour des ventres découverts
Pour enfanter et succomber
Et l'on disait donner la vie
C'est donner la mort à foison
Et l'on disait la poésie
Pour obnubiler la raison
Pour rendre aimable la prison

Pauvres dans le Château des pauvres
Nous fûmes deux et des millions
A caresser un très vieux songe
Il végétait plus bas que terre
Qu'il monte jusqu'à nos genoux
Et nous aurions été sauvés
Notre vie nous la concevions
Sans menaces et sans œillères
Nous pouvions adoucir les brutes
Et rayonnants nous alléger
Du fardeau même de la lutte

Les aveugles nous contemplent
Les pires sourds nous entendent
Ils parviennent à sourire
Il ne nous en faut pas plus
Pour tamiser l'épouvante
De subsister sans défense
Il ne nous en faut pas plus

Pour nous épouser sans crainte
Nous nous voyons nous entendons
Comme si nous donnions à tous
Le pouvoir d'être sans contrainte

Si notre amour est ce qu'il est
C'est qu'il a franchi ses limites
Il voulait passer sous la haie
Comme un serpent et gagner l'air
Comme un oiseau et gagner l'onde
Comme un poisson gagner le temps
Gagner la vie contre la mort
Et perpétuer l'univers

Tu m'as murmuré perfection
Moi je t'ai soufflé harmonie
Quand nous nous sommes embrassés
Un grand silence s'est levé
Notre nudité délirante
Nous a fait soudain tout comprendre
Quoi qu'il arrive nous rêvons
Quoi qu'il arrive nous vivrons

Tu tends ton front comme une route
Où rien ne me fait trébucher
Le soleil y fond goutte à goutte
Pas à pas j'y reprends des forces
De nouvelles raisons d'aimer
Et le monde sous son écorce
M'offre sa sève conjuguée
Au long ruisseau de nos baisers

Quoi qu'il arrive nous vivrons
Et du fond du Château des pauvres
Où nous avons tant de semblables
Tant de complices tant d'amis
Monte la voile du courage
Hissons-la sans hésiter
Demain nous saurons pourquoi
Quand nous aurons triomphé

Une longue chaîne d'amants
Sortit de la prison dont on prend l'habitude

La dose d'injustice et la dose de honte
Sont vraiment trop amères

Il ne faut pas de tout pour faire un monde il faut
Du bonheur et rien d'autre

Pour être heureux il faut simplement y voir clair
Et lutter sans défaut

Nos ennemis sont fous débiles maladroits
Il faut en profiter

N'attendons pas un seul instant levons la tête
Prenons d'assaut la terre

Nous le savons elle est à nous submergeons-la
Nous sommes invincibles

Une longue chaîne d'amants
Sortit de la prison dont on prend l'habitude

Au printemps ils se fortifièrent
L'été leur fut un vêtement un aliment
L'hiver ils crurent au cristal aux sommets bleus
La lumière baigna leurs yeux
De son alcool de sa jeunesse permanente

O ma maîtresse Dominique ma compagne
Comme la flamme qui s'attaque au mur sans paille
Nous avons manqué de patience
Nous en sommes récompensés

Tu veux la vie à l'infini moi la naissance
Tu veux le fleuve moi la source
Nul brouillard ne nous a voilés
Et simplement dans la clarté je te retrouve

Vois les ruines déjà du Château qu'on oublie
Il n'avait pas d'architecture définie
Il n'avait pas de toit
Il n'avait pas d'armure
Agonies et défaites y resplendissaient
La naissance y était obscure

Vois l'ombre transparente du Château des pauvres
Qui fut notre berceau notre vieille misère
Rions à travers elle
Rions du beau temps fixe qui nous met au monde

Il s'est fait un climat sur terre plus subtil
Que la montée du jour fertile
C'est le climat de nos amours
Et nous en jouissons car nous le comprenons

Il est la vérité sa clarté nous inonde

Nous étendons la fleur de la vie ses couleurs
Le meilleur de nous-mêmes
Par-delà toute nuit
Notre cœur nous conduit
Notre tendresse unit les heures

Ce matin un oiseau chante
Ce soir une femme espère
L'oiseau chante pour demain
La femme nous reproduit

Le vieux mensonge est absorbé
Par les plus drus rochers par la plus grasse glèbe
Par la vague par l'herbe
Les pièges sont rouillés

Sur la ligne droite qui mène
La cascade à son point de chute
Et sur la longue inclinaison
Qui torture le cours du fleuve
Se fixent mille points d'aplomb
Où la vue et la vie s'émeuvent
Éblouies ou se reposant

Fleuve et cascade du présent
Comme un seul battement de cœur
Pour l'unique réseau du sang
L'eau se mêle à l'espoir visible
Je vois une vallée peuplée
Des grands gardiens de l'ordre intime
L'exaltation jointe à la paix

L'homme courbé qui se redresse
Qui se délasse et crie victoire
Vers son prochain vers l'infini
Le jour souple qui se détend
Moulant la terre comme un gant
L'étincelle devient diamant
La vague enflammée un étang

Tout se retourne la moisson
Devient le grain du blé crispé
La fleur se retrouve bouton
Le désir et l'enfant s'abreuvent
De même chair de même lait
Et la nuit met sous les paupières
De l'homme et de l'eau la même ombre

La vie au cours du temps la vie
Le réel et l'imaginaire
Sont ses deux mains et ses deux yeux
Ma table pèse mon poème
Mon écriture l'articule
L'image l'offre a tout venant
Chacun s'y trouve ressemblant

Le réel c'est la bonne part
L'imaginaire c'est l'espoir
Confus qui m'a mené vers toi
A travers tant de bons refus
A travers tant de rages froides
Tant de puériles aventures
D'enthousiasmes de déceptions

Souviens-toi du Château des pauvres
De ces haillons que nous traînions
Et vrai nous croyions pavoiser
Nous reflétions un monde idiot
Riions quand il fallait pleurer
Voyions en rose la vie rouge
Absolvions ce qui nous ruinait

Dis-toi que je parle pour toi
Plus que pour moi puisque je t'aime
Et que tu te souviens pour moi
De mon passé par mes poèmes
Comment pourrais-tu m'en vouloir
Ne comptons jamais sur hier
Tout l'ancien temps n'est que chimères

De même que je t'aime enfant
Et jeune fille il faut m'aimer
Comme un homme et comme un amant
Dans ton univers nouveau-né
Nous avions tous deux les mains vides
Quand nous nous sommes abordés
Et nous nous sommes pensés libres

Il ne fallait rien renoncer
Que le mal de la solitude
Il ne fallait rien abdiquer
Que l'orgueil vain d'avoir été
En dépit de la servitude
O disais-tu mon cœur existe
Mon cœur bat en dépit de tout

Je ne mens jamais ni ne doute
Je t'aime comme on vient au monde
Comme le ciel éclate et règne
Je suis la lettre initiale
Des mots que tu cherchas toujours
La majuscule l'idéale
Qui te commande de m'aimer

Dans le Château des pauvres je n'ai pu t'offrir
Que de dire ton cœur comme je dis mon cœur
Sans ombre de douleur sans ombre de racines
En enfant frère des enfants qui renaîtront
Toujours pour confirmer notre amour et l'amour

Le long effort des hommes vers leur cohésion
Cette chaîne qui sort de la géhenne ancienne
Est soudée à l'or pur au feu de la franchise
Elle respire elle voit clair et ses maillons
Sont tous des yeux ouverts que l'espoir égalise

La vérité fait notre joie écoute-moi
Je n'ai plus rien à te cacher tu dois me voir
Tel que je suis plus faible et plus fort que les autres
Plus fort tenant ta main plus faible pour les autres
Mais j'avoue et c'est là la raison de me croire

J'avoue je viens de loin et j'en reste éprouvé
Il y a des moments où je renonce à tout
Sans raisons simplement parce que la fatigue
M'entraîne jusqu'au fond des brumes du passé
Et mon soleil se cache et mon ombre s'étend

Vois-tu je ne suis pas tout à fait innocent
Et malgré moi malgré colères et refus
Je représente un monde accablant corrompu
L'eau de mes jours n'a pas toujours été changée
Je n'ai pas toujours pu me soustraire à la vase

Mes mains et ma pensée ont été obligées
Trop souvent de se refermer sur le hasard
Je me suis trop souvent laissé aller et vivre
Comme un miroir éteint faute de recevoir
Suffisamment d'images et de passions
Pour accroître le poids de ma réflexion

Il me fallait rêver sans ordre et sans logique
Sans savoir sans mémoire pour ne pas vieillir
Mais ce que j'ai souffert de ne pouvoir déduire
L'avenir de mon cœur fugitif dis-le toi
Toi qui sais comment j'ai tenté de m'associer
A l'espoir harmonieux d'un bonheur assuré

Dis-le toi la raison la plus belle à mes yeux
Ma quotidienne bien-aimée ma bien-aimante
Faut-il que je ressente ou faut-il que j'invente
Le moment du printemps le cloître de l'été
Pour me sentir capable de te rendre heureuse
Au cœur fou de la foule et seule à mes côtés

Nul de nous deux n'a peur du lendemain dis-tu
Notre cœur est gonflé de graines éclatées
Et nous saurons manger le fruit de la vertu
Sa neige se dissipe en lumières sucrées
Nous le reproduirons comme il nous a conçus
Chacun sur un versant du jour vers le sommet

Oui c'est pour aujourd'hui que je t'aime ma belle
Le présent pèse sur nous deux et nous soulève
Mieux que le ciel soulève un oiseau vent debout
C'est aujourd'hui qu'est née la joie et je marie
La courbe de la vague à l'aile d'un sourire
C'est aujourd'hui que le présent est éternel

Je n'ai aucune idée de ce que tu mérites
Sauf d'être aimée et bien aimée au fond des âges

Ma limite et mon infini dans ce minuit
Qui nous a confondus pour la vie à jamais
En nous abandonnant nous étions davantage

Ce minuit-là nous fûmes les enfants d'hier
Sortant de leur enfance en se tenant la main
Nous nous étions trouvés retrouvés reconnus
Et le matin bonjour dîmes-nous à la vie
A notre vie ancienne et future et commune

A tout ce que le temps nous infuse de force.

LA VIE ET L'ŒUVRE DE PAUL ÉLUARD

Eugène-Émile-Paul Grindel naît le 14 décembre 1895 à Saint-Denis (Seine). En décembre 1911, une hémoptysie le contraint à interrompre ses études et à entrer au sanatorium de Clavadel, à Davos, en Suisse. Il y fait la rencontre d'Hélène Dmitrovnia Diakonova Gala qui deviendra Gala Éluard en 1917, et il y découvre les *Feuilles d'herbe* de Withman ainsi que les poètes unanimistes du groupe de l'Abbaye de Créteil.

Grindel publie, à compte d'auteur, en 1913, *Premiers poèmes* et, en 1914, *Dialogues des inutiles* (détruits plus tard par leur auteur). Quelques mois après sa sortie du sanatorium, en décembre 1914, il est mobilisé. 1916 sur le front, au 95e R.I. Il signe Éluard, du nom de sa grand-mère maternelle, une plaquette de vers polycopiée, *Le Devoir*. Hospitalisé en 1917, il rentre à Paris. Mai 1918, naissance de sa fille Cécile. Juillet 1918, il envoie des exemplaires de *Poèmes pour la paix* à diverses personnalités engagées dans, ou contre, la guerre.

Il rejoint le groupe dadaïste où il entre en relations avec Aragon, Breton, Soupault, Tzara, en 1919, et il publie en 1920 le premier numéro de sa revue *Proverbe* et *Les animaux et leurs hommes*, 1921 : *Les Nécessités de la Vie et les Conséquences des Rêves*. En 1922, le groupe dadaïste s'effrite; publication des *Malheurs des Immortels* (poèmes en prose sur des collages de Max Ernst) et de *Répétitions*.

Le premier *Manifeste du surréalisme*, en 1924, permet de regrouper les transfuges de Dada autour d'André Breton. Avant une fugue en Extrême-Orient qui dure sept mois,

Éluard publie *Mourir de ne pas mourir*. A son retour, il participe à la rédaction du premier numéro de *La Révolution surréaliste*. Il donne encore, en 1925, *152 Proverbes mis au goût du jour*, écrits en collaboration avec Benjamin Péret, et *Au défaut du silence*. 1926 est l'année de *Capitale de la douleur* et de *Les Dessous d'une vie ou la Pyramide humaine*. Il adhère au Parti communiste et signe, avec Aragon, Breton, Péret et Unik, la « lettre des cinq » *Aux surréalistes non communistes* (1927). En 1929, il publie *L'Amour la Poésie* et il rencontre Nusch (Maria Benz) qui l'accompagnera pendant dix-sept ans, et René Char avec qui il écrira *Ralentir Travaux* (1930) auquel André Breton collaborera aussi.

La collaboration avec Breton se prolonge dans *L'Immaculée Conception.* En 1931, il publie *Dors*, l'année suivante *La Vie immédiate*. Mais au lendemain du Congrès international des écrivains révolutionnaires de Kharkov, il rompt avec Aragon. Il fait paraître contre lui un texte sévère : *Certificat*. Exclu du Parti communiste en 1933, il participe tout de même, avec les surréalistes, au Congrès Amsterdam-Pleyel, et il publie *Comme deux gouttes d'eau*. *La Rose Publique*, en 1934, clôt une certaine manière de poésie expérimentale. Cette année-là, Éluard signe un appel collectif à la lutte contre le péril fasciste et participe au Comité de vigilance des intellectuels. 1935 : *Nuits partagées*, *Facile*. 1936 : *La Barre d'appui*, *Notes sur la poésie* (avec André Breton), *Les Yeux fertiles*, série de conférences en Espagne autour d'une rétrospective Picasso et à Londres où se tient l'Exposition internationale du Surréalisme. Sensibilisé au déchirement espagnol par son voyage, il prend position contre le coup de force franquiste. 1937 : *L'Évidence poétique*, *Appliquée*, *Les Mains libres*. En 1938, il collabore au *Dictionnaire abrégé du Surréalisme* et publie *Quelques-uns des mots qui jusqu'ici m'étaient mystérieusement interdits* et *Médieuses* (1939).

Le bombardement de Guernica, en Espagne, a été pour Paul Éluard l'occasion de s'engager plus activement et plus violemment qu'avant *(La Victoire de Guernica*, dans *Cours naturel)*. *Solidarité*, illustré par Miro, Picasso, Tanguy, Masson, est vendu au profit des Républicains espagnols (1938).

1939, de nouveau la guerre. *Donner à voir*, *Chanson Complète*.

Éluard est mobilisé dans l'intendance en Sologne. En 1940, c'est *Le Livre ouvert I*, et lorsqu'il s'engage dans la Résistance, en 1941, sa poésie devient l'acte immédiat : *Sur les pentes inférieures*. En 1942, les avions de la Royal Air Force parachutent au-dessus des maquisards des milliers d'exemplaires de *Poésie et Vérité*! Le poète revient alors définitivement dans le sein du Parti communiste et publie la seconde partie du *Livre ouvert*. L'année suivante, il renoue avec Aragon et anime avec lui le Comité national des Écrivains. Durant toute cette période, il a une activité clandestine, collaborant aux *Lettres françaises* et rassemblant les textes de *L'Honneur des Poètes* pour les Éditions de Minuit. *Les Sept poèmes d'Amour en guerre* paraissent sous le nom de Jean du Haut. De novembre 1943 à février 1944, il doit se cacher à l'hôpital psychiatrique de Saint-Alban en Lozère. Il compose *Souvenirs de la Maison des fous* (publié en 1946) et fonde un journal clandestin *L'Éternelle Revue*.

De retour à Paris, au début de 1944, il publie *Les Armes de la douleur* pour la libération de Toulouse. En août 1944, c'est la Libération. Le poète sort de la clandestinité et publie aux Éditions de Minuit une somme de poèmes écrits dans la Résistance, *Au Rendez-vous allemand*, et *Le Lit, la Table, Dignes de vivre*. Il reçoit la Médaille de la Résistance. En Avril 1944 : *Paris respirait encore!*. *A Pablo Picasso, Lingères légères, Doubles d'ombre, Une longue réflexion amoureuse* paraissent en 1945. *Poésie ininterrompue I, Le Dur désir de durer*, l'année suivante. Le 28 novembre, Éluard apprend, en Suisse où il séjourne, la mort de Nusch. De ce jour jusqu'à sa rencontre avec Dominique au Congrès international de la Paix à Mexico (1949), Éluard traverse une période de profond désespoir : 1947, *Le Temps déborde*, hors commerce, illustré de photographies de Nusch, *Corps mémorable, Le meilleur choix de poèmes est celui qu'on fait pour soi*. 1948 : *Picasso à Antibes, Poèmes politiques* : Éluard se fait le porte-parole de la Paix et de la Liberté dans de nombreux pays. En 1950, il se marie avec Dominique à Vallauris. Voyage en U.R.S.S. 1951 : les Éluard partagent leur temps entre Paris, Beynac (Dordogne) et Saint-Tropez. Publication de *Le Phénix*, dédié à Dominique, *Pouvoir tout dire, La jarre peut-elle être plus belle que l'eau?, Première anthologie vivante de la poésie du passé, Le Visage de la Paix, Grain d'aile*. 1952 : *Anthologie* des *Écrits sur l'Art, Les Sentiers et les Routes de la Poésie*. Il achève *Poésie ininterrompue II*. Pendant l'été, le poète subit une première attaque d'angine de poitrine.

Le 18 novembre 1952, une nouvelle crise terrasse Éluard, à huit heures du matin, avenue de Gravelle à Paris.

POÉSIE ININTERROMPUE   **7**

MORALITÉ DU SOMMEIL   4**1**

LE TRAVAIL DU POÈTE   49

LE TRAVAIL DU PEINTRE   57

A L'ÉCHELLE ANIMALE   6**5**

L'AGE DE LA VIE   7**1**

AILLEURS ICI PARTOUT   79

BLASON DÉDORÉ DE MES RÊVES   1**1**5

ÉPITAPHES   12**3**

ABOLIR LES MYSTÈRES   1**2**9

   Ce ne sont pas mains de géants   1**3**1
   Les constructeurs   132

LE CHATEAU DES PAUVRES   1**3**5

La vie et l'œuvre de Paul Éluard.   1**5**3

DU MÊME AUTEUR

Dans la même collection

CAPITALE DE LA DOULEUR *suivi de* L'AMOUR LA POÉSIE. *Péface d'André Pieyre de Mandiargues.*

LA VIE IMMÉDIATE *suivi de* LA ROSE PUBLIQUE, LES YEUX FERTILES, *et précédé de* L'ÉVIDENCE POÉTIQUE.

POÉSIE. (1913-1926). *Préface de Claude Roy.*

LE LIVRE OUVERT (1938-1944).

DONNER À VOIR.

UNE LEÇON DE MORALE.

LES MAINS LIBRES (Dessins de Man Ray illustrés par les poèmes de Paul Éluard).

J'AI UN VISAGE POUR ÊTRE AIMÉ (Choix de poèmes 1914-1951). *Préface d'André Velter.*

Ce volume,
le trente-neuvième de la collection Poésie,
a été achevé d'imprimer sur les presses
de CPI Bussière à Saint-Amand (Cher),
le 3 mai 2011.
Dépôt légal : mai 2011.
1er dépôt légal dans la collection : janvier 1969.
Numéro d'imprimeur : 111500/1.
ISBN 978-2-07-030097-6./Imprimé en France.

185053